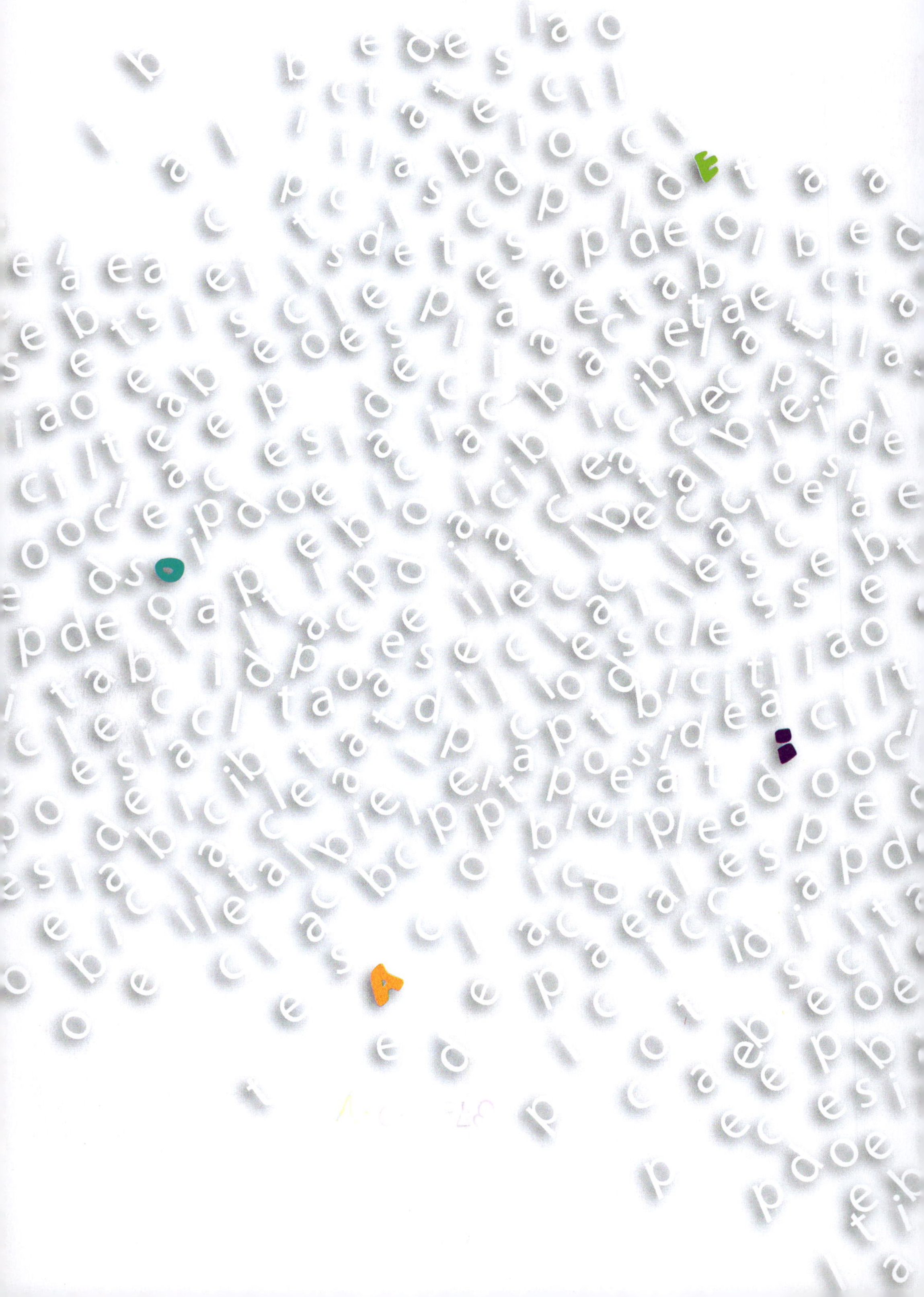

sérgio capparelli

ilustrações ana gruszynski

POESIA DE BICICLETA

L&PM EDITORES

Texto atualizado conforme a nova ortografia.

Projeto gráfico, ilustrações e capa: Ana Gruszynski
Preparação: Patrícia Rocha
Revisão: Jó Saldanha e Elisângela Rosa dos Santos

CIP-BRASIL. CATALOGAÇÃO-NA-FONTE
SINDICATO NACIONAL DOS EDITORES DE LIVROS, RJ.

C247p

Capparelli, Sérgio, 1947-
Poesia de bicicleta / Sérgio Capparelli; ilustrações Ana Gruszynski. – Porto Alegre, RS: L&PM, 2009.
104p. : il.

ISBN 978-85-254-1892-0

1. Poesia infanto-juvenil brasileira. I. Gruszynski, Ana Cláudia. II. Título.

09-1730. CDD: 028.5
CDU: 087.5

Rua Comendador Coruja, 314, loja 9 – Floresta – 90.220-180
Porto Alegre – RS – Brasil / Fone: 51.3225.5777 – Fax: 51.3221-5380

Pedidos & Depto. Comercial: vendas@lpm.com.br
Fale conosco: info@lpm.com.br
www.lpm.com.br

Impresso no Brasil
Inverno de 2009

por que gosto de ler

Os bichos de que gosto

Minhas frutas preferidas

Algumas flores que me enchem os olhos

Algumas aves que me encantam

Algumas coisas que sei e sinto

poemas esquisitos que eu escrevi

Poemas populares que recriei

porque gosto de ler

Ler na rede

Ler na varanda, deitado na rede,
Um livro instigante,
Ah, isso é bom, muito bom!

Luz da tarde que cada palavra ilumina
E o beija-flor beijando rosas e glicínias,
Ah, isso é bom, muito bom!

E aquela sede imensa de saber
O que vai acontecer à heroína,
Ah, isso é bom!

A brisa que sopra as nuvens lá em cima
As pálpebras pesadas que se fecham em cortina,
Ah, isso é bom!

E ali ficar, inerte, pensando em você,
E com o livro sobre o peito, adormecer,
Ah, isso é bom demais!

o enterro do canário

O canário, coitado, morreu!

Voava livre no terraço,
E de noite, um assassino
Deu-lhe um mortal abraço.

Morreu o canário, coitado!

E já preparam seu funeral:
As lesmas afinam as flautas,
Cigarras organizam um coral.

O canário morreu, coitado!

As andorinhas, coitadinhas,
Soluçam seguindo o cortejo
Debaixo de suas sombrinhas.

Morreu, coitado, morreu!

A fêmea, tristeza só,
De banda preta na jaqueta,
Apoiada a um curió.

Coitado, coitado, coitado!

E no meio do funeral,
Do gato escapa um soluço,
Um soluço felino, animal,

Morreu, morreu, morreu!

Exigindo imediato castigo,
Para o assassino brutal
Que matou o seu amigo!

E de sua imagem felina
No espelho refletida
Alça uma voz cristalina:

Psit! Psit!
Mais tarde
Eu te conto
Quem foi,
Seu tonto!

leitura cativante

Sozinho, no meio do Pacífico,
De minha vida em degredo,
Faço o que posso e me viro,
No meu oceano de medo,
Sem saber o que é de verdade
E o que faz parte do enredo.

Avanço entre os destroços
De meu barco naufragado
O perigo é um peixe raro
Que nada veloz ao meu lado
Pula no ar, peixe-agulha,
E mergulha, apaixonado.

Com os remos de dois braços
Esse amor sigo e persigo,
Gritando: "Roberta, eu te amo!"
E você responde: "Não ligo,
Eu já entrei nessa intriga,
Agora me afasto, furtiva."

Eu, nervoso, insisto, "Mentira,
Você é real, minha heroína!"
E num cais, contemplo seu vulto,
Que vem deixando a neblina.
Você se joga em meus braços,
Luz pálida, que nos ilumina.

Estou feliz. Muito feliz,
Viro a folha. És minha, enfim!
Oh, não! De novo um engano?
Você se afasta de mim,
E leio embaixo da página,
Em três letras de fogo

FIM.

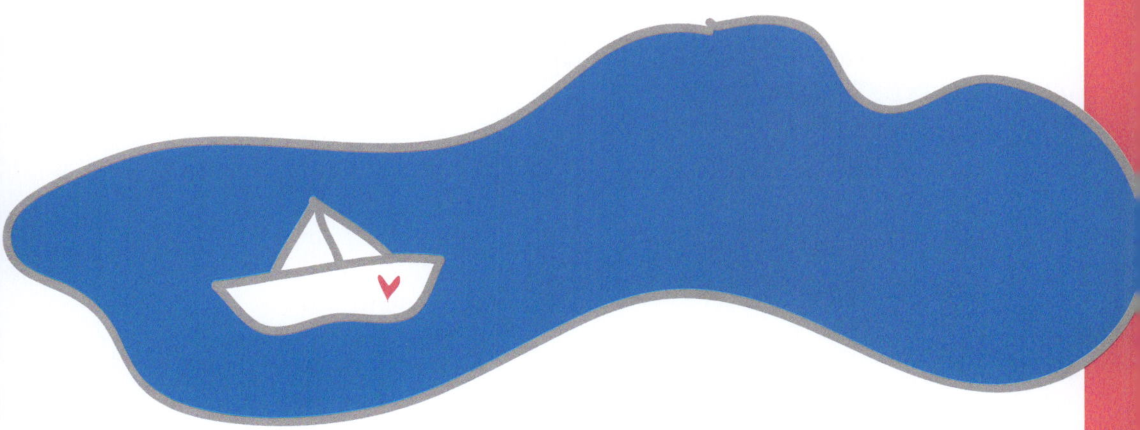

leitura opcional para alunos adiantados

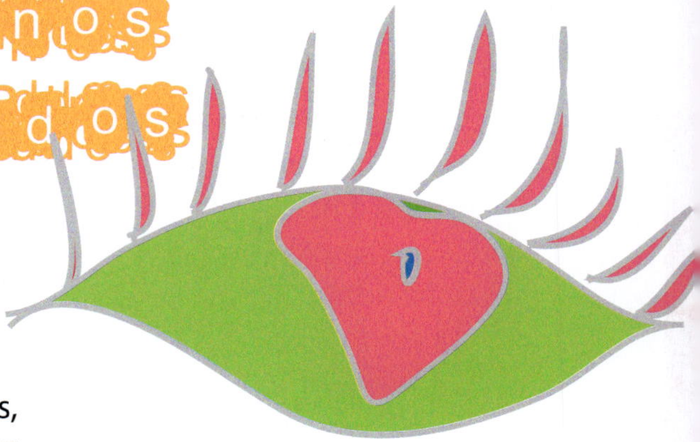

Você que lê as mãos,
As entranhas dos animais,
Os cascos das tartarugas,
Você que joga e lê os búzios,
Os astros, os rolos de fumaça,
A vida, a morte e a desgraça.

Você que lê o mapa-múndi,
O percurso dos cardumes e as pegadas na areia
E Jonas no ventre da baleia.
Você que lê radiografias.
O susto do goleiro na trajetória da bola,
Do princípio até o fim.

Você que lê mensagens do além, do aquém.
Gotas de orvalho, perfume de glicínias,
A voz de seu pai, de sua mãe,
A risada no fundo do riso
E o estalido do granizo.

Ah, você também lê e relê:
Este mundo perdeu o juízo!

a bicicleta de irina dunn

Um peixe de bicicleta
Equilibra-se como pode.
Ele avança dentro d'água
De um mar sem ciclovia
E quase perde o equilíbrio
Com o guidão da maresia.

Pois um peixe de bicicleta,
Dentro do mar de espuma,
Segue, contra a corrente,
Com os pedais de bruma,
As rodas luzindo ao sol,
Sem corrente nenhuma.

Levo Irina na garupa
E pedalo em linha reta
Pois Irina disse um dia
(Mas não sei se estava certa):
"Mulher precisa de homem
Como um peixe, de bicicleta."

Irina Dunn, feminista australiana, disse certa vez que a mulher precisa dos homens tal como um peixe precisa de bicicleta. Trata-se de um slogan feminista, sugerindo que os homens são supérfluos às necessidades da mulher. (N.A.)

charada

Estou no meio da brisa
E no bico de bem-te-vi,
Na torre inclinada de Pisa,
No Rio, Berlim e Paris.

Eu estou por um triz!

Eu não estou no mar,
Mas estou em siri,
Muito longe da boca,
Mas na ponta do nariz.

E também no giz!

Mesmo não estando em bola,
Eu sei muito bem que driblo:
Não façam nunca o que eu faço,
Mas façam sempre o que digo.

Em caso contrário, não ligo!

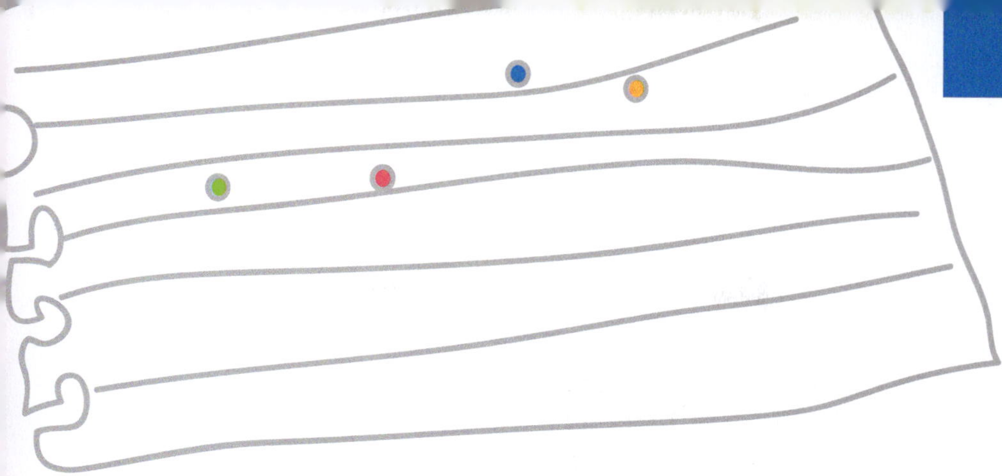

os olhos de quem lê

Por que sente medo quem escreve,
Por mais que saiba escrever?
Medo de não escrever coisa com coisa
Ou medo do que tem pra dizer?

E por que uma história não escrita,
Fugaz, deixa logo de ser?
Ou então, sem sentido
Vive até mais não poder?

Acho que neste mundo,
Toda página espera ser
Escrita um dia e, impressa,
Ler os olhos de quem lê!

melodrama

A tarde que lentamente caía
Puxou o gatilho do fim do dia,
Disparando os gansos selvagens
Que voaram em forma de V,
Atingindo a luz que ainda havia:
E o sol, todo ensanguentado,
Cambaleava, e a sua luz tingia
Com as cores de sua agonia
Um poente já quase estrelado.

o ogro

O ogro malvado olha de lado,
Arranca casquinhas de ferida
E reclama dos passarinhos.

O ogro, no jogo da amarelinha,
Diz que sente cãibras terríveis
E chora no pátio sozinho.

O ogro brinca de "Escravos de Jó",
Mas as pedrinhas que caem no chão
Abrem um buraco que dá no Japão.

Cansado, o ogro deita-se no pátio,
E as saúvas que saem de seu nariz
Cobrem a terra de escuridão.

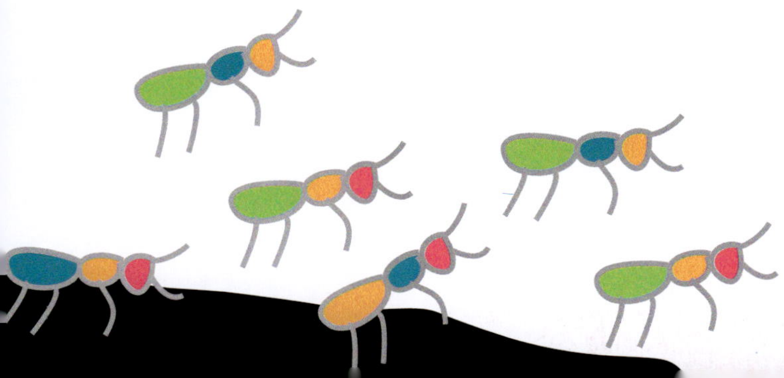

bichos bichos bichos

bichos

bichos bichos bichos bichos

bichos bichos bichos bichos

bichos

bichos bichos bichos

bichos

bichos bichos bichos

bichos bichos

bichos bichos

bichos bichos bichos

bichos bichos

bichos bichos

bichos bichos bichos

bichos bichos bichos

bichos

bichos bichos bichos bichos

bichos bichos

bichos bichos bichos

bichos bichos

bichos bichos

Os bichos de que gosto

O guepardo

O guepardo é tão rápido
Mas tão rápido, que quando ataca
Não sobra ninguém pra contar
O quanto o guepardo é rápido
Ao atacar.

As focas da ilha Sakalina

Na ilha Sakalina
Todas as focas, todas as focas
Passam o dia de barriga pra cima,
Na ilha Sakalina.

E se estão com sede
Todas as focas, todas as focas
Bebem suco de tangerina,
Na ilha Sakalina.

E se sentem fome
Todas as focas, todas as focas
Vão à peixaria da esquina,
Na ilha Sakalina.

E sobre as rochas
Todas as focas, todas as focas
Dormem de barriga pra cima,
Na grande ilha Sakalina.

A ilha Sakalina está localizada no extremo oriente da Rússia. (N.A.)

O rock do iaque

Um dia no Tibete encontrei um iaque
Doido por nhoque,
Doido por nhoque,
E lá fui eu fazer nhoque pro iaque.

Servi um prato de nhoque pro iaque
Ele comeu
Ele comeu
Nhac, nhac, nhac, nhac, nhac, nhac.

Feliz, o iaque se pôs a dançar
Um rock, ah, ah
Um rock, ah, ah
Nhac, nhoque, rock, nhac, nhoque, rock.

Até hoje não me sai da lembrança
Essa dança,
Essa dança
Esse rock do nhoque do nhac do iaque.

Yak nhac rock do nhoque
Nhoque nhac rock do iaque.

Ahahahaha!

A vaca de bronze do imperador Qianlong

Só você, de bronze,
Vigia as intenções da água,
Só você, de água,
Rejeita a incursão das cheias,
Só você, de cheias,
Agasalha o turbilhão do tempo.
Só você, de tempo,
Recria a confusão dos sonhos,
Só você, de sonho,
Tão plácida e tão serena,
Tão ao alcance
Da minha mão.

A justiça da onça

A onça acordou um dia
Achando que era dona do ar.

Correu ao seu amigo juiz
Que proibiu ter nariz.

O decreto diz o que vale:
Pague pelo ar ou se cale.

Bichos morreram roxinhos
Tentando cumprir o decreto.

Outros disseram: "Injusto!"
E se recusaram a pagar.

Há dúvidas, hoje, no lugar,
Se é justo e legal respirar!

Urso-polar

O urso-polar
Aprende a pular

Pula bem alto
E se solta no ar

Mais alto, mais alto
Que a Ursa Maior

E solto no ar
Agarra o luar.

Dois tigres

Um tigre siberiano
De pura fúria
Passeia na planície
da Manchúria

E num computador
Da Manchúria
Ruge um tigre digital
Sua ciberfúria.

O tigre siberiano
A taiga corta
E 30 graus negativos
Ele suporta.

O tigre ciberiano
Cibercompõe
E em milhões de pixels
Se decompõe.

O siberiano,
Garras afiadas e mortais.
O ciberiano,
Dentes cortantes digitais.

Dois tigres,
Frente a frente,
no *download* da paisagem
Ao sol poente.

Chora, crocodilo!

Chora, ah, como você chora,
Um choro claro e com estilo,
E como capricha no seu chorar,
Lágrimas aos borbotões, aos litros
Chorando, chorando sempre,
Aos baldes, aos tonéis, aos quilos,
Sem parar, sem descansar,
Chorando, chorando até perder os cílios.
Lágrimas de crocodilo.

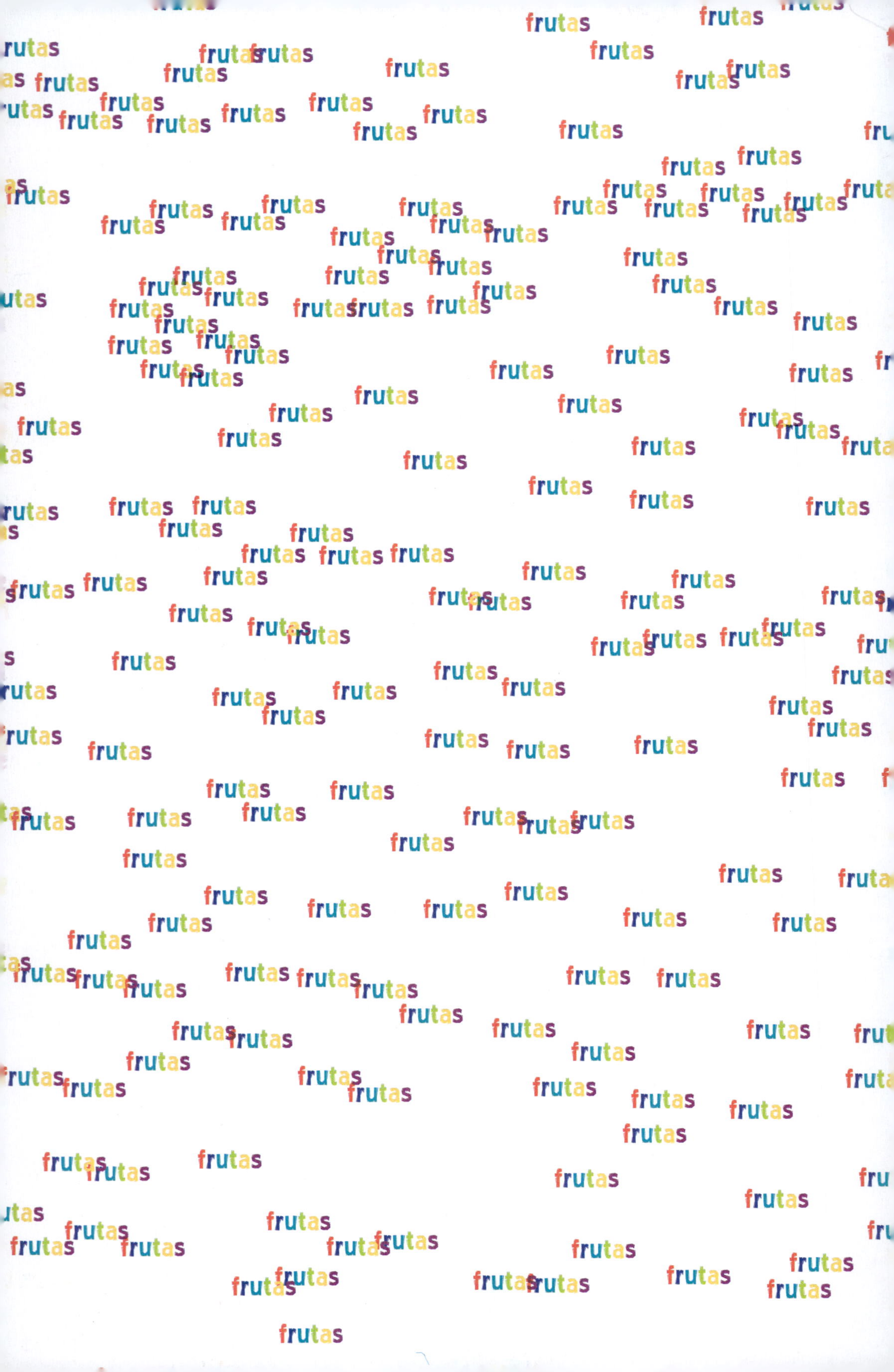
frutas

Minhas frutas preferidas

Fruta familiar

De todas as frutas
A mais caseira é a banana
Sempre em cacho, sempre em penca
Sempre em família.

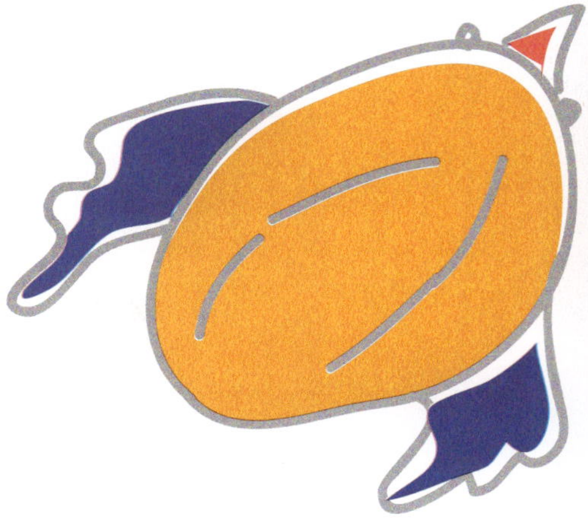

O mamão

O mamão é exemplar,
Contido em sua doçura
E no seu sonho diáfano
De ser pássaro um dia.

Mas convenhamos,
Disso não precisa,
Pois ser fruta
Cai-lhe muito bem.

Ele escuta e se cala,
Avalia perdas e danos,
E diz: albatroz, talvez,
Para atravessar o oceano.

Por que essa insatisfação?
Vergonha de ser mamão?
Ele dá de ombros,
E depois se volta, altivo:

Quero ser assim,
Sem motivo
E sem explicação!

A laranja

A laranja, em túrgidos gomos,
Oferece-se, atrevida, à boca
Que recolhe a trama da doçura
Que existe nesse instante fecundo
De laranja, de polpa e de sumo,
Em um milésimo de segundo.

A laranja-de-umbigo

Você me diz que a mexerica
É rica, doce, gosto de mel
E que mais doce ainda é o céu
Ao alcance da minha mão.

Hoje pra mexerica não ligo
Quero é laranja-de-umbigo.

Você diz que a tangerina
Rima com divina, sabor de Ásia,
Mas Ásia me lembra azia,
Que nem balde de água fria.

Hoje pra tangerina não ligo
Quero é laranja-de-umbigo.

Você diz que de um limão
Posso fazer uma limonada,
Obrigada, mas me desculpe,
O limão é uma fruta irritada.

E hoje pro limão eu nem ligo
Quero é laranja-de-umbigo.

A pera

Pera, fruta sincera
Ao alcance da mão,
Quando te desesperas
Madura ou flor em botão,
Continuas pera,
Tranquila na espera,
Áspera na polpa,
E doce no coração.

A manga

De todas as frutas, a manga
É a mais comedida, com certeza,
Sempre fresca, bem-disposta,
E bem-composta, sobre a mesa.

Você tem um sabor sem par
Numa viagem muito louca,
Doce na sua polpa macia
Dançando no céu da boca.

Deixo a todos de sobreaviso,
Cavaleiros de alegre figura,
Caso me convidem à mesa
Tenham sempre manga madura.

Fruta invejosa

O cajá, uma fruta invejosa,
Diz que é parente da manga,
E logo que vê uma no pé
Apresenta-se: "Sou da família".
"Parente, é? Como se chama?"
"Eu me chamo cajá-manga!"

A mexerica

Escute bem o que digo:
A mais à toa é a mexerica
Que na mexeriqueira fica
Agarradinha em mexerico.

O limão

Agora preste atenção:
Se a vida for um limão

Em um copo de água
Natural, fria ou gelada,

Ponha açúcar a gosto
Para não ter desgosto

E sinta a vida mudada,
De limão pra limonada.

O sapoti

O sapoti detesta as horas brancas
Os dias brancos, as horas brancas
A estrada branca, os cabelos brancos.

O sapoti detesta a folha branca
Dessa hora branca
A se perder de vista.

flores

Algumas
flores
que me enchem
os olhos

Flor de açafrão

do
açafrão
nasce
açaflor
rosa
sua
cor

Camomila

Muita calma,
Minha Camila
Bebe este chá
De camomila
Você vai ficar
Bem calmomila.

De lírios e de pães

Viver vale
um delírio,
se tiver dois pães,
venda um,
compre um lírio.

A vida,
Tem os pés no chão:
Se tiveres dois lírios
Vende um deles,
Compra um pão.

A partir de um provérbio chinês. (N.A.)

A flor de maracujá

Às vezes, acorda de noite
A flor de maracujá.

Vira-se, revira-se na cama e ali está
A flor de maracujá.

Quer dormir, mas, no seu sonho,
A flor de maracujá.

No meio da rua, nas janelas, nos carros,
A flor de maracujá.

No ar, um perfume, certeza,
É a flor de maracujá!

A flor de lótus

Abertas nos tanques,
Muito delicadas,
Sempre que podem,
As flores de lótus.

Se a noite chega
Vestem-se de loucas,
Fingem-se de tontas,
Brincam de santas.

Abertas nos tanques,
Muito delicadas,
Sempre que podem,
As flores de lótus.

O cáctus

Com meu penacho rubro
Perfilado, de sentinela,
Anuncio, nessa manhã clara,
A chegada da primavera.

O jasmim

Pelos becos, pelas casas,
Pelas ruas, pelas arcadas,
Pelas trilhas, pelos cardos,
Pelos canteiros, pelas aleias,
Pelas portas, pelas janelas,
Perfume sem fim
Perfume de jasmim.

Pela brisa, pelo vento,
Pela noite, pelos canteiros,
Pelas águas, pelos ares,
Pelos vales, pelas colinas,
Pelo silêncio, pelas artérias,
Perfume sem fim
Perfume de jasmim.

A sucupira

Essa árvore
A mais simplezinha,
A mais pobrezinha,
A mais mirradinha
E sem paixão,
Essa árvore
De fim de linha
Bem solitária,
E seca, tadinha,
Já sem razão,
Essa árvore
Que verde nem tinha
E desprezada
Toda acanhada
De olho no chão,
Essa árvore,
Fraca, mirrada,
Floriu hoje à tardinha
A mais bela flor
Do sertão.

aves

algumas aves que me encantam

PASSAGENS

Era primavera
E um sabiá cantava na minha janela.
Eu não lhe dei muita atenção.
"O tempo voa", eu disse, "me perdoe, você tem asas, eu não!"
E foi assim que lhe fechei a janela.

Veio o verão
E um colibri cantava na minha janela.
Eu não lhe dei muita atenção.
"Volte outra hora", eu disse, "estarei à sua espera!"
E foi assim que lhe fechei a janela.

Chegou o outono
E um rouxinol cantava na minha janela.
Meu rosto, sombrio, esquivo, num canto.
"O tempo voa", eu disse, "e afazeres me esperam."
E foi assim que lhe fechei a janela.

Veio o inverno,
Alguém cantava na minha janela.
De quem é esse canto? Por que canta assim?
E eu ouvi: "O tempo não espera, volto na próxima estação!
Se você ainda estiver aqui!..."

NINHO DE PARDAIS

Os pardais tinham feito ninho
No forro da minha casa.

Acho que já se foram
Na claridade da aurora.

Ficou, na minha lembrança,
Um mundo só de rumores.

De gravetos e de painas,
De penas e de sombras.

E também uma saudade
Que dói, sem motivo.

a garça

Toda garça sabe que é única
Toda garça sabe que é pouca
Quando voa, quando pousa
Quando anuncia para as outras
Uma fonte de águas claras.

Toda garça sabe que é plácida
Toda garça sabe que é limpa
Quando pousa e no lago fica
Quando anuncia às outras
Que a primavera principia.

Toda garça sabe que é pura
Enfeitada de avenca
Revolvendo com o bico as penas
E anunciando às outras
Que a vida vale a pena.

Fogo-pagô

A rolinha e o menino estudioso

Fogo-pagô, cantou no mato a rolinha
Muito contente, enquanto eu vinha

Da escola. Rolinha, que horror!
O certo, rolinha, é *o fogo apagou-se!*

Mas a rolinha, que nunca foi à escola
E ignora português, não vai agora

Aprender ortografia, praticar a gramática
Sujeito, predicado, análise sintática!

Mas, enfim, com vergonha do meu pito
Mais do que depressa fechou o bico.

Despedi-me e parti, contente
Por ela ter aprendido a lição,

Mas instantes depois ela insistiu
Cantando de novo *fogo-pagô*!

a POMBA-ROLA

Fim de tarde:
A pomba-rola
Rola e arrulha,
E do cesto
De costura
Vai tirando
Linha e agulha
Pra no céu
bordar a lua.

a coruja

Ninguém mais coruja
Do que mamãe coruja.
Seus olhos faíscam
Se alguém se arrisca
A chegar à toca
Onde se entoca:
Parte guerreira
Do alto da amoreira,
Pra salvar a cria,
Porque toda mãe coruja
É supercoruja.

O beija-flor

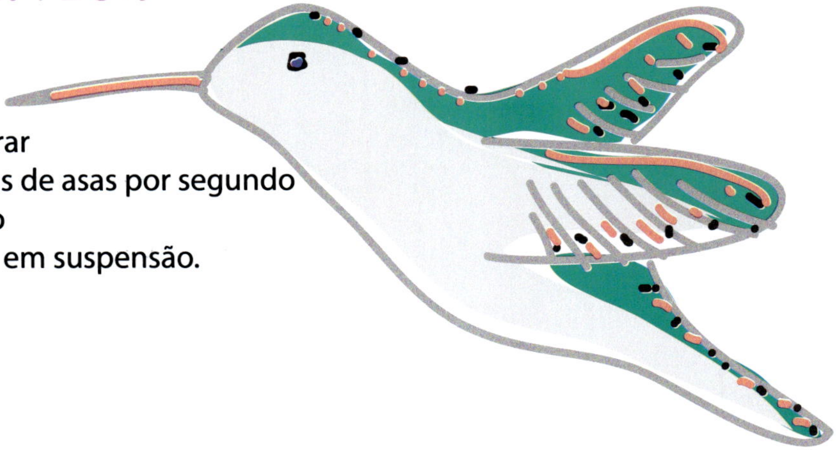

O beija-flor
Ao se pendurar
Em 91 batidas de asas por segundo
Põe o mundo
em suspensão.

O TUCANO

Esperto,
Quer levar todos
No bico.

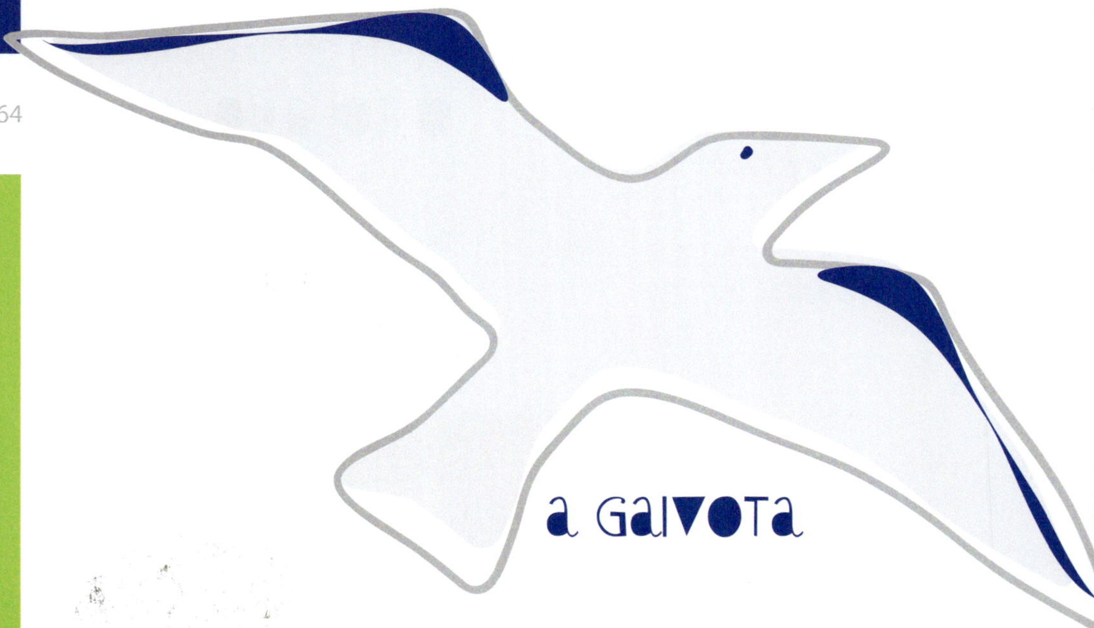

a gaivota

A gaivota
vai e volta
sobe e desce
adeja e pousa
alça o voo
doce doce
leve leve
sobre ondas
entre nuvens
e divide
céu e terra.

escarpa

Araras pousadas
Na escarpa rochosa:
Jardim vertical
De flores aladas.

sinto sinto sinto

sinto sei sinto sei sinto

sei sinto

sei sinto sinto sei sinto sei sinto sei sinto

sinto sei sinto sei sinto

sei sinto sei sinto sei sinto sei sinto

sinto

sei sinto sei sinto

sei sinto sei sinto

sei sinto sei sinto sei sinto sei sinto sei sinto sei sinto sei sinto

sinto sei sinto sei sinto sei sinto

sei sinto sei sinto sei sinto sei sinto sei

sei sinto

sinto sei sinto sei sinto sei sinto sei sinto sei sinto sei

sei sinto

sinto sei sinto sei sinto sei sinto

sei sinto

sei sinto sei sinto sei sinto

sei sinto sei sinto sei sinto

sei sinto sei sinto

sei sinto

sei sinto

sei sinto sei sinto

Algumas coisas que sei e sinto

O grilo

Um grilo cricrilava
Sozinho no escuro,
E tão só cricrilava
Num buraco do muro,
Que o céu, transtornado
Com tamanha tristeza,
Deixou cair, de repente,
um punhado de estrelas.

Papai supersônico

Papai,
Quando dorme,
É supersônico:

Abraça-se ao travesseiro
E quebra a barreira
Do som.

Com o ronco
Estilhaça a vidraça
E escangalha o portão,

Derruba edifícios
E arrasa
O quarteirão.

Mais tarde,
Quando acorda,
Me sorri:

Como se fosse
Supersimples
Ter um pai assim.

A arte de soltar pipas

A arte de soltar pipas
É arte que não se ensina,
Precisa um pouco de vento,
E o beijo de uma menina.

As pipas sobem bem altas
E saem do alcance da mão,
E quando a linha arrebenta,
Arrebenta-se meu coração.

Desisti de soltar pipas
Vermelhas, verdes, amarelas,
Hoje eu solto luas e estrelas,
E me solto junto com elas.

Um raio de sol

No raio da roda no raio da roda no raio da roda
No raio da roda no raio da roda no raio da roda
No raio da roda no raio da roda no raio da roda
No raio da roda no raio da roda no raio da roda
No raio da roda no raio da roda no raio da roda

Um raio de sol.

Excesso de timidez

Há momentos em que todos falam e eu também tenho o que dizer,
Mas as palavras não conseguem sair.
Pois os outros estão a par de tudo, sabem tudo, são os donos do mundo,
O que eu poderia dizer nessas circunstâncias?

Há momentos em que todos perguntam e estou certo de ter a resposta,
Mas minha resposta é sempre de outro tipo.
Pois no meio da explicação me esqueço da pergunta,
E como poderei responder nessas circunstâncias?

Há momentos em que me olhas e eu quero te devolver o olhar,
Mas fico aflito e, de cabeça baixa, sigo meu caminho.
Mas de repente me arrependo, me xingo, quero voltar, já é tarde.
Como eu poderia gostar de ti nessas circunstâncias?

Dizer

Eu disse às nuvens, nuvens, oh,
nuvens, me levem, me levem agora,
num cavalo alazão, galope feito de
vento e crinas de algodão.

Eu disse ao ar, ar, oh, ar, em
movimento, viro vento, aprisionado,
balão; rodando, sou cata-vento; se
enfureço, furacão.

Eu disse ao fogo, fogo, oh, fogo,
também sou feito de chamas, sou
incêndio e me queimo, me consumo,
insisto e teimo, ranzinza viro cinza,
embrabeço, viro brasa, morto, tição.

Eu disse à água, água, oh, água, água,
da fonte, do lago, do mar e da mina,
água que verte, despenca e ilumina,
que jorra por baixo por cima, água
que empoça no chão.

Eu disse aos pássaros, pássaros, oh,
pássaros, minhas faço as tuas asas,
sem gaiola nem alçapão, voo livre,
sou andorinha sozinha trazendo o
verão.

Eu disse às casas, casas, oh casas,
vejo-as ao longo das avenidas,
vestidas de magnólias, vestidas de
margaridas, casas, oh, casas,
sem-casa, meu coração.

Eu disse ao tempo, tempo, oh, tempo,
cabelos brancos, cavalos lentos,
quanto tempo sem nos vermos,
quantos ermos sem nos termos, oh
vento, risos, lamentos, nesse fim de
estação.

Dois mares diferentes

"Eu tenho ondas!", disse a água, com desprezo,
E seu olhar, vago e ondulado, perdeu-se no mar.

E a terra árida, rude e seca, deitou-se na areia
E soluçou baixinho, abraçada à lua cheia.

Nisso veio o vento e, ao ver a tristeza tão grande
Da terra, disse: "Vamos criar um mar de areia".

E de manhã, logo que se desfez a bruma,
A água espantou-se com o mar de dunas.

E ficaram ali, água e terra, frente a frente,
Onduladas, cada uma delas um mar diferente.

Ponte de pedra

Debaixo da ponte
A água
Corre e canta.

E aos poucos adormecem
As ruas, a luz, os lírios,
As janelas, os carros, as calçadas,
Os telefones, os edifícios,
E os aparelhos de televisão.

E debaixo da ponte
A água
Corre e canta.

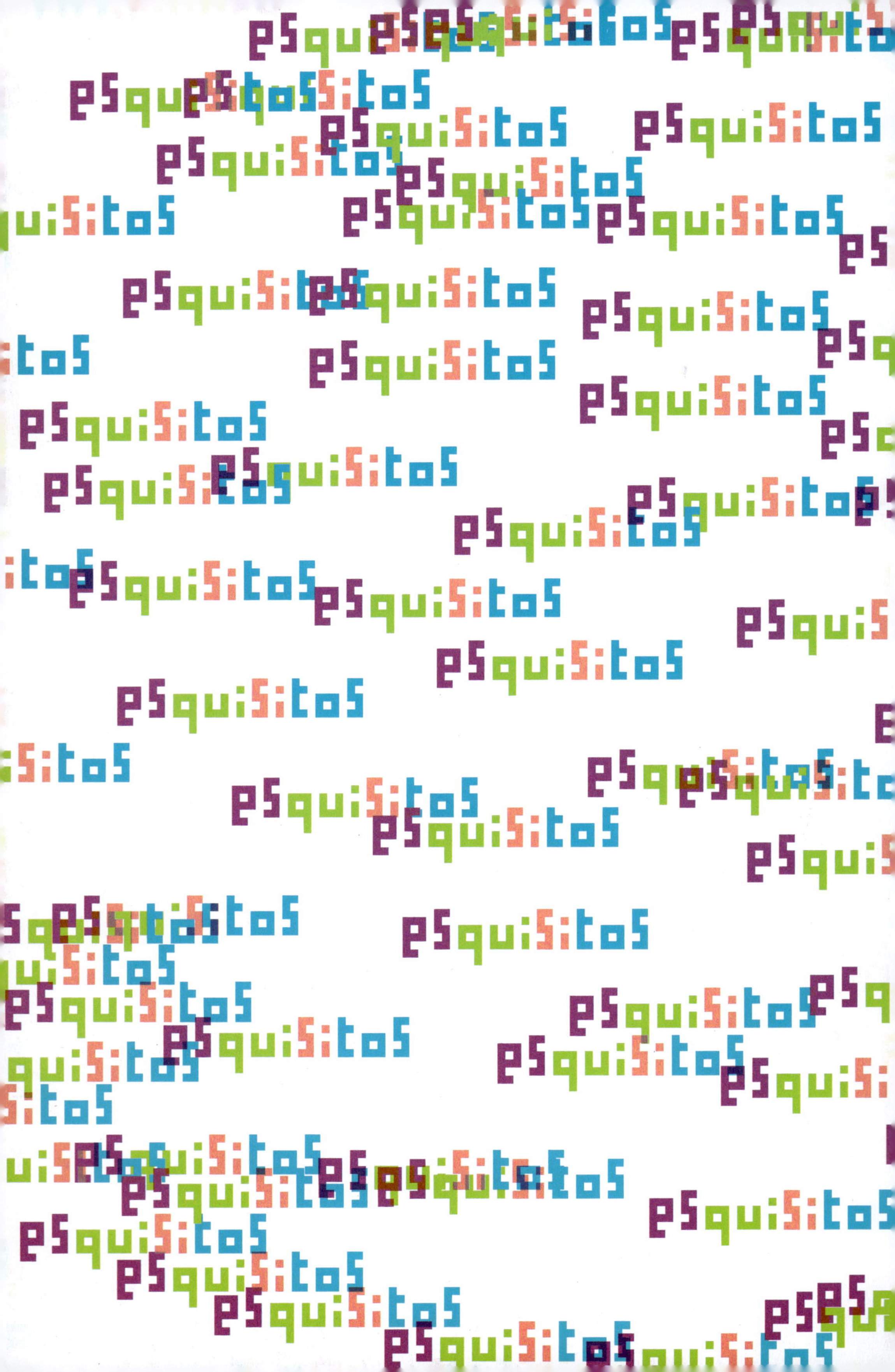
esquisitos

poemas esquisitos que eu escrevi

ribeirão das neves

Em Ribeirão das Neves
Tem um pé de maionese

Ele dá salada pronta
Que a prefeitura compra

No almoço e no jantar
Para o povo do lugar.

CAo Sem til

A vaca no seu ninho canta de manhã
"Volta passarinho, a lua é de hortelã!"

De óculos escuros, devido à claridade,
O sol pula os muros no rumo da cidade.

O gato já latiu, de olho no canário,
E um cao sem til foge para o armário.

Carteiro de iceberg diz que não tem selo,
E a carta que envia derrete que nem gelo.

Ovo Frito

O calor
Aumenta
E o sol
Do alto despenca
E vira no asfalto
Um ovo frito
Um ovo frito
Um ovo frito
Rodeado
De avenca.

OS REIS MAGROS

Chegam os três reis magros,
Cansados, de longe vêm

A pé, por trilhas e trilhas,
A caminho de Belém,

Gamaliel traz um coco,
Uma cuíca, Ramaniel,

E Samaniel, recortado,
Um carrinho de papel.

Anjinhos, de cara suja,
Descidos há pouco do céu

Saúdam os três reis magros
Da Favela do Borel.

Madrugada

Depois da festa,
Que durou a noite inteira,
Os garis, com vassouras de vento,
Varrem estrelas.

o guincho de Santo Amaro

Existe um guincho em Santo Amaro,
Que é um guincho muito engraçado,
Ele diz que sempre tem razão.

Até pode ter,
Não sei, não!

Chegou às sete horas e guinchou nove carros
Porque estavam mal-estacionados,
Três bicicletas e um saco de feijão.

Saco de feijão?
Não sei, não!

Às onze guinchou o carro do secretário de trânsito,
E, pelo pescoço, um vereador da oposição.
(Nesses dois casos, sem qualquer explicação.)

Podia explicar,
Não sei, não.

Às três da tarde chegam três guinchos
E guincharam um trator, um carrinho de mão,
E um menino que corria para a escola.

A que hora?
Não sei, não.

Às cinco, cinco e trinta, o guincho, alucinado,
Guinchou a filha do prefeito e um passarinho.
Quiseram saber: "Perdeu o juízo?" "Perdi, não".

Perdeu, sim,
Não sei, não.

Meia-noite em ponto o guincho adormeceu,
De cansaço, na contramão.
Veio outro guincho e guinchou o guincho.

Sem dar
Explicação.

Devia guinchar?
Ah, não sei, não.

A mentira

Se há coisa que eu não gosto,
Essa coisa é a mentira.

Eu joguei um anzol na água
E pesquei uma traíra.
Pus o anzol na enxurrada
E fisguei uma lombriga,
A sua filha de anágua
Eu peguei de carretilha.

Se há coisa que eu não gosto,
Essa coisa é a mentira.

Eu joguei o anzol no rio
E pesquei um ataúde.
E dentro dele uma coruja.
Um elefante. Um babuíno.
Uma menina e um menino.

Se há coisa que eu não gosto,
Essa coisa é a mentira.

Eu suspendi a pescaria,
Pois mentir eu não queria.
Mas fiquei morrendo à míngua.
Quando fui pescar de novo
Eu pesquei a minha língua.

Eu não gosto de mentira!
Eu não gosto de mentira!

populares

Poemas populares que recriei

Aqui jaz o Benedito

Aqui jaz o Benedito
Que esticou o cambito.
Se tivesse sido seu pai,
Tanto fez como tanto faz;
Se tivesse sido seu irmão,
Teria ido tarde o vilão!
E caso tivesse sido sua mana,
Bah, valia uma casca de banana!
E se tivesse morrido a família
Triste, triste ninguém ficaria,
Mas quem morreu foi o Benedito,
E como ele esticou o cambito,
Não há nada mais pra ser dito.

Folclore inglês (N.A.)

Cai, cai, cai, chuva!

Cai, cai, cai a chuva
Todo mundo se abriga

Menos meu irmão menor
Que fica debaixo da goteira

Pescando peixes
Pra família inteira.

Folclore francês (N.A.)

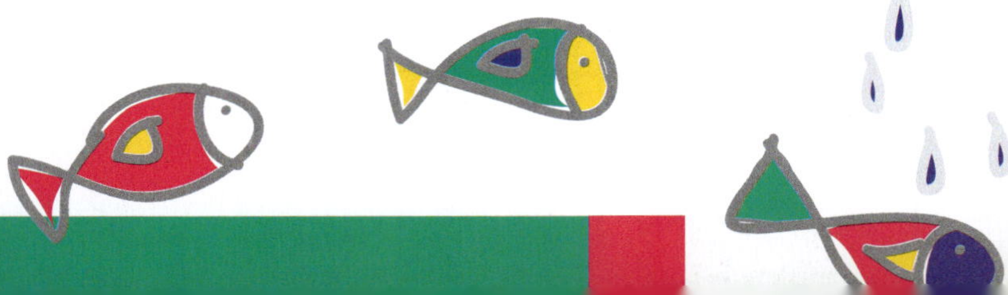

Canção do moço do riquixá de Shangai

Quem teve a ideia do primeiro riquixá?
– O rico estrangeiro, o rico estrangeiro!

Quem teve a ideia do bastão para bater no moço do riquixá?
– O rico estrangeiro, o rico estrangeiro!

E quem teve a ideia de vender ópio para os chineses?
– O rico estrangeiro, o rico estrangeiro!

E quem teve a ideia de abrir a bolsa?
– O rico estrangeiro, o rico estrangeiro!

E quem terá a ideia de jogar na água
O rico estrangeiro, o rico estrangeiro?

O pobre chinês, o pobre chinês!

Folclore chinês (N.A.)

Era uma vez uma velhinha

Era uma vez uma velhinha
Que o de comer não tinha,
Só pão, arroz, carne, farinha,
Ovos, frutas e sardinha.

Coitada dessa velhinha:
Ela ficava muito triste
Depois de comer um leitão
E dúzias de empadinhas!

– Eu vivo passando fome,
Engolindo pão-de-ló,
Tutu, bife, salsichão,
E geleia de mocotó,

Dizia triste, a velhinha,
Sentindo falta de ar:
– Perco o meu apetite
Se acabo de almoçar.

A velhinha reclamava,
Se sobremesa não havia,
Só bolo, tortas, queijada,
E todo tipo de iguaria.

Perdia o sono, se dormia,
E o apetite, se comia,
– Não sei o que faço, dizia,
Lambuzada de ambrosia.

Morreu do mal de rugas
Mais curvada que um três
E agora debaixo da terra
Queixa-se de fome, talvez.

Folclore espanhol (N.A.)

Meu peixinho vermelho

Meu peixinho vermelho
Ploc!
Ele acaba de engolir uma bolha de ar
Puf!
Ele acaba de dar um mergulho
Paf!
Ele bate o nariz contra um rochedo
Cuic!
Não está mais aqui, sumiu!

Folclore francês (N.A.)

A arca de Noé

Na arca de Noé,
Todos cabem, todos cabem.
Na arca de Noé,
Todos cabem e eu também.

Quer saber como canta o galo?
Quer ouvir?
O galo canta assim:
Cocorococó, quiririqui!

Quer ouvir como canta o bem-te-vi?
Quer ouvir?
O bem-te-vi canta assim:
Bem-te-vi, bem-te-vi!

Quer saber como canta o grilo?
Quer ouvir?
O grilo canta assim:
Cri, cri, cri, cri, cri, cri, cri!

E a cobra? Como silva a cobra?
Quer ouvir?
A cobra silva assim:
SSSSsssst, SSSsssstsst, ssst!

Ah, o cavalo! Como rincha o cavalo?
Quer ouvir?

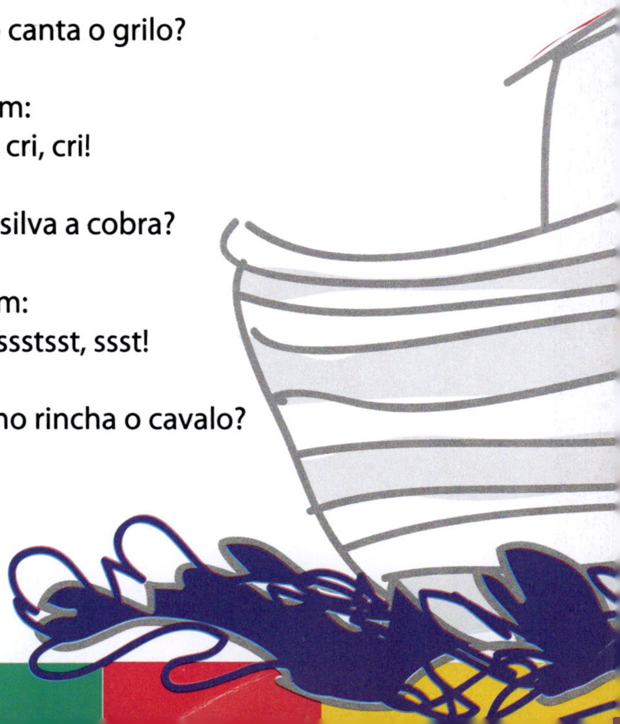

O cavalo rincha assim:
RRRiiiiiichchchc! RRRiiiiinnnnch!

Quer saber como ruge o tigre?
Quando está rugindo,
O tigre ruge assim:
GRRRrrrrrrr! GRRRrrrrrrrrr!

Na arca de Noé,
Todos cabem, todos cabem.
Na arca de Noé
Todos cabem e eu também.

Ah, o pato! Como grasna o pato?
Quer ouvir?
Quando está grasnando,
O pato grasna assim:
Quack, quack, quack, quack!

Folclore espanhol (N.A.)

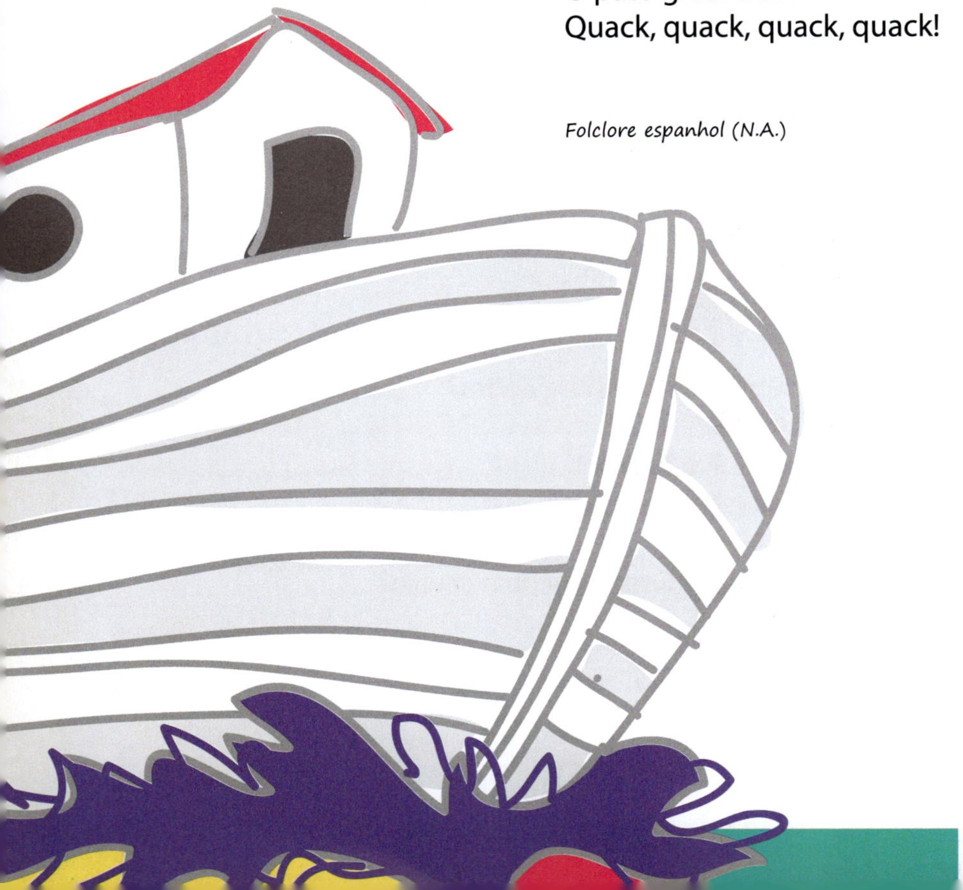

As cores

Vermelha é a maçã
Do lado que bate o sol,
Do lado que o sol não bate,
Branca é a sua cor.

A pimenta tem de ser verde,
O tomate, avermelhado.
A berinjela, bem morena,
De olhinhos revirados.

Folclore espanhol (N.A.)

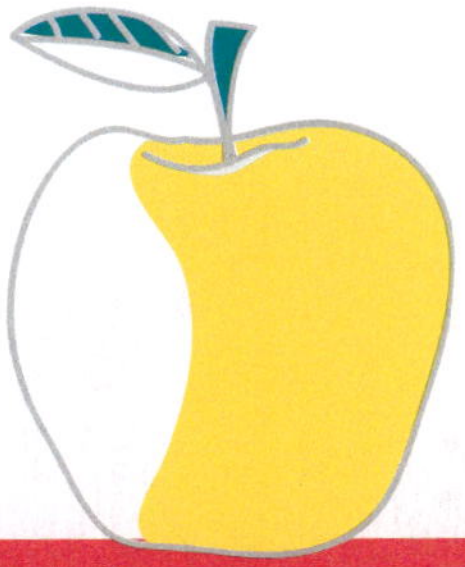

Canção para ninar

Potrinho Bravo

Zzzzz, dormem quatro patas
Zzzzz, dorme a bela crina
Zzzzz, e também os pelos
Zzzzz, da sua cauda fina.

Escurece e no galope,
O potrinho não se perde
E avança pela trilha
De um campo verde.

Zzzzz, dormem fortes cascos
Zzzzz, e também o lombo,
Zzzzz, dormem as narinas
Zzzzz, os olhinhos bem redondos.

Escurece e no galope
O potrinho não se perde
E avança pela trilha
De um campo verde.

Zzzzz, dorme potro bravo
Zzzzz, dorme de mansinho,
Zzzzz, nos braços do seu pai,
Zzzzz, dorme cavalinho!

Folclore italiano (N.A.)

Gavalume

O vagalume é distraído,

Distraído até demais,

Passa a vida esquecido

Com o farol da frente atrás.

Folclore inglês (N.A.)

Vaga no Zoológico

Este é o caminho do zoológico,
Este é o caminho do zoológico:
Na jaula do macaco que se vê
Daqui, sobra um lugar pra você.

Folclore inglês (N.A.)

O amor é cego

Nunca beije
Sua namorada no portão.
O amor é cego,
Os vizinhos, não.

Folclore inglês (N.A.)

Carnaval

O carnaval vai começar
Rugiu o
jaguar

Vou sambar a noite inteira
Baliu a
ovelha

Vem comigo vizinha?
Cacarejou a
galinha

Estou bem assim?
Grasniu o
pinguim

Eu também vou
Gruiu o
grou

Quando nos reunimos?
Coaxou o
girino

Quinze para as nove
Berrou o
bode

Melhor de fantasia
Bramiu a
cotia

Eu vou de rainha
Roncou a
tainha

E eu de sereia!
Bufou a
baleia

Serei a Vênus de Milo

Cricrilou o
grilo

Sambando na Portela
Urrou a
pantera

E a volta? É a pé?
Guinchou o
chimpanzé

Só ao nascer do sol
Trinou o
o rouxinol

Rugir, balir, cacarejar,
Grasnir, gruir, coaxar,
Berrar, bramir, roncar,
Bufar, cricrilar, urrar
Guinchar e trinar
No carnaval,
Cada animal.

Folclore alemão (N.A.)

IMPRESSÃO:

GRÁFICA EDITORA
Pallotti
IMAGEM DE QUALIDADE

Santa Maria - RS - Fone/Fax: (55) 3220.4500
www.pallotti.com.br